まちごとインド

West India 023 Vadodara

ヴァドダラー(チャンパネール)
未来を志向した「藩王の都」

વડોદરા

Asia City Guide Production

【白地図】グジャラート州

INDIA
西インド

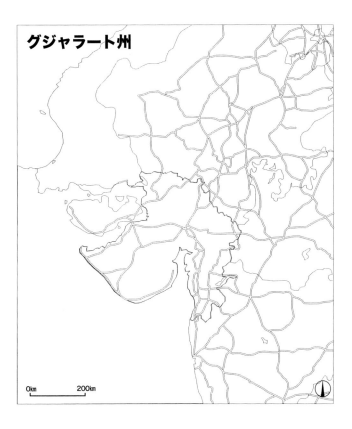

【白地図】ヴァドダラー

INDIA
西インド

ヴァドダラー

Vadodara　白地図

【白地図】ヴァドダラー中心部

INDIA
西インド

【白地図】ヴァドダラー駅

INDIA
西インド

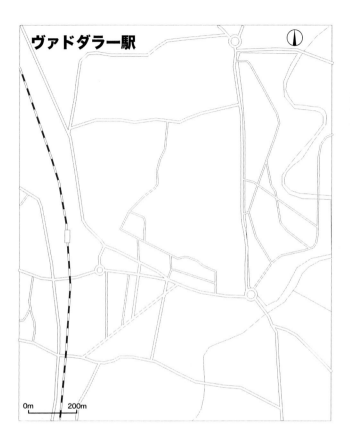

【白地図】ヴァドダラー近郊図

INDIA
西インド

ヴァドダラー近郊図

Vadodara　白地図

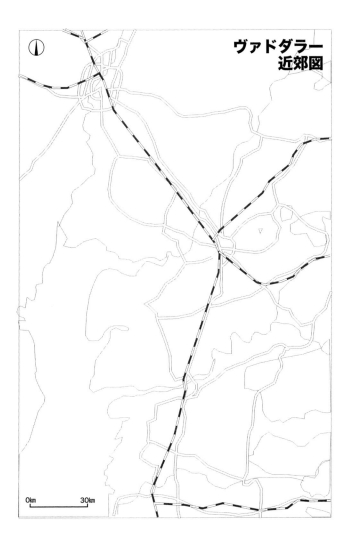

【白地図】チャンパネールパーヴァガドゥ遺跡公園

INDIA
西インド

【白地図】チャンパネール

INDIA
西インド

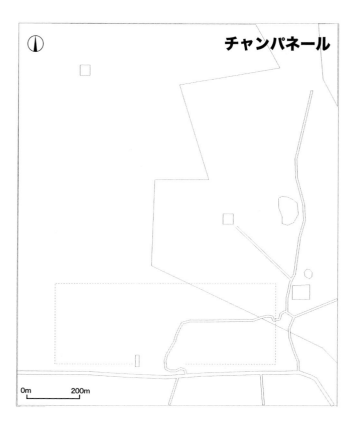

INDIA
西インド

【まちごとインド】
西インド 011 はじめてのマハラシュトラ
西インド 012 ムンバイ
西インド 013 プネー
西インド 014 アウランガバード
西インド 015 エローラ
西インド 016 アジャンタ
西インド 021 はじめてのグジャラート
西インド 022 アーメダバード
西インド 023 ヴァドダラー（チャンパネール）
西インド 024 ブジ（カッチ地方）

グジャラート東部のヴィシュワミトゥリ川のほとりに位置するヴァドダラー。ここは 1947 年になってインドが独立するまで、マハラジャのおさめる藩王国の都があった場所で、地名は「菩提樹（バル）に囲まれた地」に由来する。

ヴァドダラーの地は古くから要地だったが、1732 年にマラータ同盟のガーイクワール家の領土となり、その城下町として発展するようになった。1805 年、イギリスとガーイクワール家のあいだで条約が結ばれ、イギリスの保護国に入ると、マハラジャが内政をとるバローダ藩王国がおかれた。

વડોદરા
ヴァドダラー
(チャンパネール)
Vadodara

　このバローダ藩王国では、西欧の制度や文明をいち早くとり入れるなど先進的な試みがいくつもなされる、インドでも有数の藩王国として知られていた。名君サヤジラオ3世の時代に建てられた宮殿が今でも残るほか、世界遺産チャンパネール-パーヴァガドゥ遺跡への起点にもなっている。

【まちごとインド】
西インド 023 ヴァドダラー（チャンパネール）

INDIA
西インド

目次

ヴァドダラー（チャンパネール） …………………………………xvi
新旧の交錯する藩王の都………………………………………xxii
ヴァドダラー城市案内 …………………………………………xxix
チャンパネールパーヴァガドゥ遺跡公園 ……………………xl
栄光中世を伝える史跡 …………………………………………xlii
チャンパネールパーヴァガドゥ鑑賞案内……………………xlix
城市のうつりかわり ……………………………………………lx

【MEMO】

Vadodara ヴァドダラー(チャンパネール)

【地図】グジャラート州

INDIA
西インド

新旧の交錯する藩王の都

INDIA
西インド

インドが独立する1947年まで
マハラジャの都がおかれていたヴァドダラー
インドの他の街に先がけていち早く近代化がなされた

国道8号線上の大都市

インドの首都デリーと金融都市ムンバイ。このふたつの巨大な首都圏を結ぶのが国道8号線で、グジャラート州のアーメダバード、ヴァドダラー、スーラトといった大都市はいずれもこの幹線上に位置する。とくにヴァドダラーはグジャラートでも外資系企業が多く進出する都市と知られ、北のデリーと南のムンバイ双方への足がかりになる立地をもつ。

▲左 ヴァドダラーのバスターミナル。　▲右　美しいたたずまいを見せるバローダ博物館

Vadodara 新旧の交錯する藩王の都

先進的なバローダ藩王国

18世紀以来、ヴァドダラーはマラータ同盟ガイクワール家の都だったが、イギリスの進出を受けるとガイクワール家はマラータ同盟から分離して、イギリスの保護国となった（バローダはイギリス名）。19世紀末から20世紀初頭にかけてこの地をおさめたマハラジャ・サヤジラオ3世の時代には、大学、裁判所、病院、鉄道の敷設など西欧の制度がとり入れられ、いち早く近代化に成功したことで知られる。藩王国時代の進んだ制度や綿工業は、1947年のインド独立後も受け継がれることになった。

▲左　アンベードカルのポスター、ムンバイにて。　▲右　チャンパネール-パーヴァガドゥへの足がかりにもなる

アンベードカルゆかりの地

「インド憲法の父」として知られるアンベードカルは、不可触民として生まれ、当時、これらの人々は教育を受けることがままならなかった。そのようななかマハラジャ・サヤジラオ3世は、「帰国後、ヴァドダラー藩王国で働くこと」を条件に、将来性の高いアンベードカルをアメリカのコロンビア大学に留学させた。アンベードカルが帰国したとき、迎えに行く人々もおらず、ホテルの宿泊も断られる有様だった（偽名を使い、ゾロアスター教徒の宿に泊まった）。こうした偏見を受けながらも、図書館にこもるなどして学問を続け、の

【MEMO】

【地図】ヴァドダラー

【地図】ヴァドダラーの [★★☆]
- [ ] ラクシュミー・ビラス・パレス Laxmi Vilas Palace
- [ ] 旧市街 Old City
- [ ] バローダ博物館 Baroda Museum

【地図】ヴァドダラーの [★☆☆]
- [ ] マハラジャ・ファテーシン博物館 Maharaja Fateh Singh Museum
- [ ] ナヤイ・マンディル Nyay Mandir
- [ ] キルディ・マンディル Kirti Mandir
- [ ] EME 寺院 EME Mandir

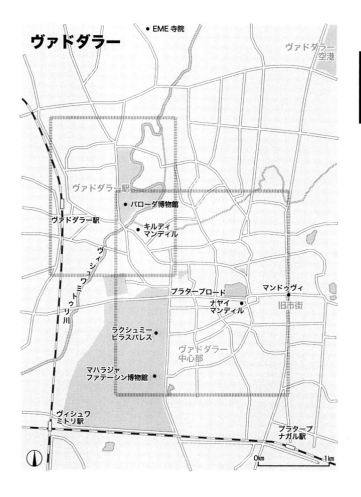

ちにネルー内閣の法務大臣として活躍した。

Guide, Vadodara
ヴァドダラー城市案内

中世以来の伝統をもつ旧市街
そこから西に立つマハラジャの宮殿
古さと新しさが混在する街

ラクシュミー・ビラス・パレス Laxmi Vilas Palace ［★★☆］
1947年のインド独立までバローダ藩王国をおさめるマハラジャの宮殿がおかれていたラクシュミー・ビラス・パレス。1890年にサヤジラオ3世がイギリス人に設計を依頼したインド・サラセン様式の傑作で、内部にはマハラジャが集めた武器などがならぶ。ラクシュミー・ビラス・パレスが建てられるまでの宮殿は旧市街のナザル・バーグにあった。

【地図】ヴァドダラー中心部

【地図】ヴァドダラー中心部の [★★☆]
- [ ] ラクシュミー・ビラス・パレス Laxmi Vilas Palace
- [ ] 旧市街 Old City
- [ ] バローダ博物館 Baroda Museum

【地図】ヴァドダラー中心部の [★☆☆]
- [ ] マハラジャ・ファテーシン博物館 Maharaja Fateh Singh Museum
- [ ] ナヤイ・マンディル Nyay Mandir
- [ ] キルディ・マンディル Kirti Mandir

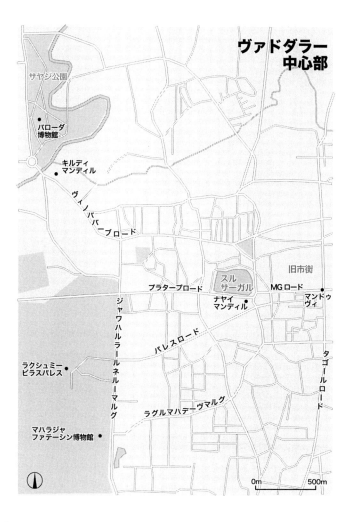

【地図】ヴァドダラー駅

【地図】ヴァドダラー駅の ［★★☆］
- [ ] バローダ博物館 Baroda Museum

【地図】ヴァドダラー駅の ［★☆☆］
- [ ] キルディ・マンディル Kirti Mandir

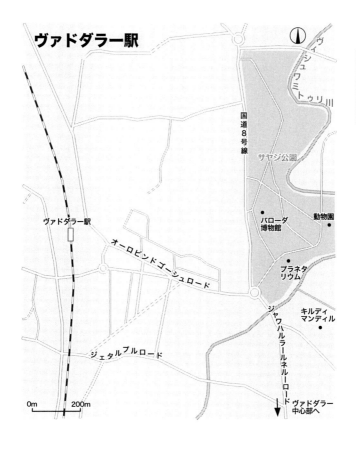

西インド

マハラジャ・ファテーシン博物館
Maharaja Fateh Singh Museum [★☆☆]

ラクシュミー・ビラス・パレスの南に位置するマハラジャ・ファテーシン博物館。マハラジャが収集した世界各国の調度品、絵画や陶器などが見られる。

旧市街 Old City [★★☆]

15世紀のグジャラート王国以来の伝統をもつヴァドダラー旧市街（かつては市壁に囲まれていた）。マンドゥヴィからナヤイ・マンディルに向かって道が続き、その両脇の細い路

▲左　マハラジャの集めた遺品がならぶマハラジャ・ファテーシン博物館。
▲右　マハラジャの宮殿、インド・サラセン様式

地では牛がゆくといったにぎわいを見せる。ヴァドダラーの街はここから西側に広がっていった（ヒンドゥー教徒とイスラム教徒が街区をわけて暮らしている）。

ナヤイ・マンディル Nyay Mandir ［★☆☆］

旧市街の中心に立つナヤイ・マンディル。現在は裁判所となっている。

キルディ・マンディル Kirti Mandir ［★☆☆］

ヴィシュワミトゥリ川のほとりに立つキルディ・マンディル。

サヤジラオ3世の命で建立され、美しいインド・サラセン様式のたたずまいを見せている。現在はグジャラートを中心に活躍したガンジーゆかりの品が展示されている。

バローダ博物館 Baroda Museum [★★☆]
サヤジ公園の一角にあるバローダ博物館。インドで発掘された彫像、ムガル帝国時代に描かれた細密画などが見られる。近くには動物園やプラネタリウムも位置する。

▲左 ヴァドダラー旧市街、多くの人が行き交う。　▲右　旧市街に立つマンドゥヴィ、ここから西に通りが伸びている

EME 寺院 EME Mandir ［★☆☆］

ダクシナムルティ（シヴァ神の化身）をまつる EME 寺院。半円型のドームとシカラの外観をもつ現代建築で、ヒンドゥー教、イスラム教、キリスト教、仏教の要素をあわせて象徴する。EME という名前は、Electrical and Mechanical Engineers Corps（企業）によってつくられたことに由来する。

スワミナラヤン寺院
BAPS Shr Swaminarayan Mandir ［★☆☆］

ヴァドダラー市街の南東部に立つ BAPS スワミナラヤン寺

院。新興のヒンドゥー教一派の寺院で、中央にシカラ、その前面にドームを載せる建築様式となっている。ヴァドダラーのほか世界各地に支部をもつ。

ハロル Halol ［★☆☆］
ヴァドダラーから北東40kmに位置するハロル。工業団地がおかれ、自動車産業などを中心に企業が集まる。デリーとムンバイを結び、インド経済をけん引する国道8号線に近い立地をもつ。

【チャンパネール - パーヴァガドゥ遺跡公園】

栄光中世を伝える史跡 /
グジャラート王国とは /
グジャラート様式の建築 /
ジャマー・マスジッド /
ボラー・マスジッド /
ケウダ・マスジッド /
ナギーナ・マスジッド /
パーヴァガドゥ城塞 /
カリカマタ寺院

INDIA
西インド

ヴァドダラーの北東45kmに位置するチャンパネール - パーヴァガドゥ遺跡公園。ここは中世、アーメダバードを都に繁栄したイスラム系グジャラート王国（1408〜1573年）の時代に造営されたモスクや都市遺跡が残り、世界遺産にも指定されている。

この地には4世紀ごろからヒンドゥー王国の都がおかれた歴史があり、チャンパネール南西のパーヴァガドゥ山は聖地として信仰を集めていた。1484年、アーメダバードにあったグジャラート王国の第7代マフムード・ベガラは、チャンパ

Champaner-Pavagadh Archaeological Park

チャンパネール パーヴァガドゥ遺跡公園

ネールを征服し、その命でここに新たな都の造営がはじまった。

　こうしてチャンパネールにはイスラム教とヒンドゥー教が融合したグジャラート様式（柱と梁からなる）と呼ばれる建築群が姿を見せるようになった。グジャラート王国の栄華を伝えるこの都は25年ほどで破棄されてしまったがゆえ、モスクなどの建築が当時のままの状態で見られる。

栄光中世を伝える史跡

INDIA 西インド

アラビア海に面したグジャラート地方
古くからこの地方の商人は海へ繰り出してきた
その富は美しいグジャラート建築を育むことになった

グジャラート王国とは

中世以来、イスラム勢力がインド亜大陸に侵入し、デリー・サルタナット朝（13～16世紀）が北インドを中心に版図を広げていた。その地方総督が1408年に独立してグジャラート王国が樹立され、とくに第3代アフマド・シャー1世は、1411年、王国の新たな都アーメダバードを造営してグジャラートに王権を確立した。その孫の第7代マフムード・ベガラは1484年にチャンパネールを征服し、この地にアーメダバードに準ずる都を造営した（マフムード・ベガラの治世の晩年、グジャラートの海岸にはポルトガルが現れるようにな

▲左　壁面はくまなく装飾されている。　▲右　モスク内部、柱と梁によるグジャラート様式

り、ディーウをその拠点とした)。この王国は150年にわたって繁栄したが、1573年、ムガル帝国第3代アクバル帝の遠征で滅亡した。

グジャラート様式の建築

アーメダバードやチャンパネールで見られるグジャラート様式の建築群。これらは中世のソーランキー朝(11〜12世紀にグジャラートにあった王朝で、ジャイナ教の保護で知られる)のもと発展した様式で、ヒンドゥー寺院やジャイナ教寺院を建立していた技術を使って、イスラム礼拝堂モスクや

INDIA
西インド

▲左　忘れ去られたかのような静かな遺構。　▲右　屋根のうえに載る小ドーム

宮殿が建てられた。とくに礼拝堂内部に 12 本の柱が林立しているのは、12 柱式架と呼ばれるヒンドゥー建築の影響で、装飾にもヒンドゥー教の意匠が見られる（グジャラート以外のモスクでは、柱ではなく四方の壁が天井を支えている）。このグジャラート建築は、ムガル帝国のアクバル帝の遠征で、ファテープル・シークリーなどにもたらされることになった。

【MEMO】

【地図】ヴァドダラー近郊図

【地図】ヴァドダラー近郊図の [★★★]
- [ ] チャンパネール - パーヴァガドゥ遺跡公園 Champaner-Pavagadh Archaeological Park

【地図】ヴァドダラー近郊図の [★☆☆]
- [ ] スワミナラヤン寺院 BAPS Shr Swaminarayan Mandir
- [ ] ハロル Halol

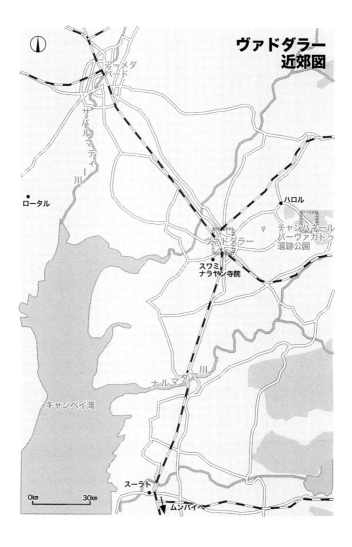

**Guide,
Champaner-Pavagadh**
チャンパネールパーヴァガドゥ鑑賞案内

前面にそびえる高い2本のミナレット
彫刻がほどこされた壁面
グジャラート建築の白眉がここに

ジャマー・マスジッド Jamma Masjid [★★★]

チャンパネール造営にあたって、人々が集団礼拝を行なう都市の中心的役割を果たしていたジャマー・マスジッド。第7代マフムード・ベガラの命で、1484年に造営がはじまり、1508年に完成した。アーメダバードのジャマー・マスジッドの流れを受け継ぐプランをしていて、礼拝堂はふきぬけの空間になっている。

▲左 インド・イスラム建築の最高峰が見られる、ジャマー・マスジッド。
▲右 そびえ立つ2本のミナレット、ボラー・マスジッド

ボラー・マスジッド Borah Masjid [★★☆]

チャンパネール都市遺跡の中央部に立つボラー・マスジッド（サハルキ・マスジッド）。前面に2本のミナレットが立ち、本体上部には5つのドームが載る。中世グジャラート様式を今に伝えるモスクとなっている。

ケウダ・マスジッド Kevda Masjid [★☆☆]

チャンパネールの市壁外に立つケウダ・マスジッド。ドームが失われ、上部が開いたモスクとその前面に記念碑が美しいたたずまいを見せている。

【MEMO】

【地図】チャンパネールパーヴァガドゥ遺跡公園

【地図】チャンパネールパーヴァガドゥ遺跡公園の [★★★]
- [ ] ジャマー・マスジッド Jamma Masjid

【地図】チャンパネールパーヴァガドゥ遺跡公園の [★★☆]
- [ ] ボラー・マスジッド Borah Masjid
- [ ] パーヴァガドゥ城塞 Pavagadh Fort

【地図】チャンパネールパーヴァガドゥ遺跡公園の [★☆☆]
- [ ] ケウダ・マスジッド Kevda Masjid
- [ ] ナギーナ・マスジッド Nagina Masjid
- [ ] カリカマタ寺院 Kalikamata Mandir

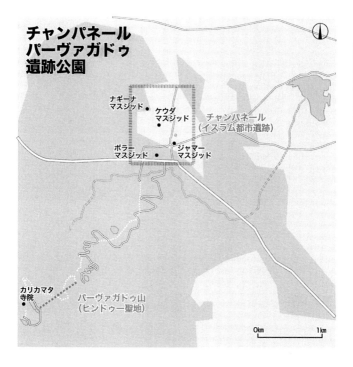

▲左　あぜ道を進んだところにたたずむケウダ・マスジッド。　▲右　ナギーナ・マスジッド、内部の装飾も見応えがある

ナギーナ・マスジッド Nagina Masjid ［★☆☆］

イスラム都市遺跡から北1kmに位置するナギーナ・マスジッド。こじんまりとしているが、柱と梁がもちいられた内部の構造などが良好な状態で残っている。

パーヴァガドゥ城塞 Pavagadh Fort ［★★☆］

チャンパネール南西4kmにそびえるパーヴァガドゥ山に残る城塞跡。4世紀以来、ここにヒンドゥー諸王朝の都がおかれていたと伝えられ、現在では聖地として巡礼に訪れる人々の姿がある。

【MEMO】

【地図】チャンパネール

【地図】チャンパネールの [★★★]
- [ ] ジャマー・マスジッド Jamma Masjid

【地図】チャンパネールの [★★☆]
- [ ] ボラー・マスジッド Borah Masjid

【地図】チャンパネールの [★☆☆]
- [ ] ケウダ・マスジッド Kevda Masjid
- [ ] ナギーナ・マスジッド Nagina Masjid

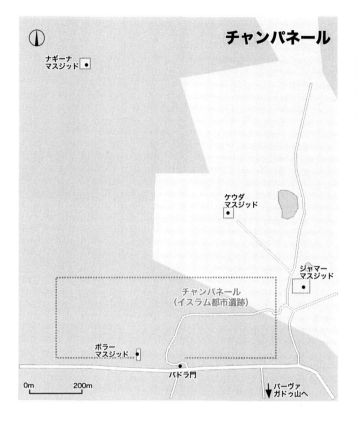

INDIA
西インド

▲左　パーヴァガドゥ山の途上にて。　▲右　チャンパネールで写真撮影をしていたカメラマンとモデル

カリカマタ寺院 Kalikamata Mandir ［★☆☆］

パーヴァガドゥ山の頂きに立つカリカマタ寺院。恐ろしい姿をしたカーリー女神がまつられていて、麓のチャンパネールから山上を目指して多くのヒンドゥー教徒が山をのぼっている。

城市のうつりかわり

INDIA 西インド

古くはラージプート族の拠点があったヴァドダラー
18世紀にマラータ同盟ガイクワール家の支配下に入り
以後、この王家のもと発展してきた

ヒンドゥー諸王朝時代（～13世紀）

ヴィシュワミトゥリ川のほとりには古くから人が住んでいたと言われ、9世紀ごろにはラージプート諸族の拠点がおかれていた（ラージプート族は、中央アジアから侵入した異民族や土着の勢力を出自とする）。ヴァドダラーという地名は、この地に生えていた「ベンガル菩提樹の葉」を意味するヴァトパトラクに由来する。

▲左　グジャラート王国時代の彫刻、チャンパネールにて。　▲右　ヴァドダラー旧市街、古い街並みが続く

イスラム王朝時代（13 〜 18 世紀）

12 世紀以降、イスラム勢力のインド侵入が本格化し、1298 年、ヴァドダラーはデリー・サルタナット朝の支配下に入った。その後、デリー・サルタナット朝のグジャラート総督が独立して、グジャラート王国が樹立され、1511 年、スルタン・ムザッファル 2 世がヴァドダラーに新たな街を造営した（現在の旧市街）。グジャラート王国は 1573 年、アクバル帝の遠征でムガル帝国の支配下に入り、ヴァドダラーもムガル帝国の版図となった。

INDIA
西インド

マラータ同盟時代（18 〜 19 世紀）

1707 年、第 6 代アウラングゼーブ帝がなくなると、ムガル帝国も弱体化し、代わってインド西部を拠点にするマラータ王国が勢力を伸ばすようになった。1720 年、マラータ王国の武将だったガーイクワール家ダマージー 1 世がヴァドダラーの領土を認められ、この街はガイクワール家が統治するようになった。マラータはプネーの宰相府はじめ、グワリオールのシンディア家、インドールのホルカール家、ヴァドダラーのガイクワール家など諸侯による緩やかな同盟関係となっていった。

Vadodara 城市のうつりかわり

▲左　ガイクワール家の名前が見える、藩王国時代から続く伝統。　▲右　サヤジ公園にあるプラネタリウム

バローダ藩王国時代（19〜20世紀）

コルカタに商館をおいたイギリス東インド会社は、18世紀以降、インドに勢力を広げるようになっていた。1805年、ヴァドダラーをおさめるガイクワール家とイギリスのあいだで条約が結ばれ、イギリスの保護国バローダ藩王国が誕生した（ガイクワール家はマハラジャとして内政をとったが、領土の3分の2がイギリスに割譲された）。バローダ藩王国は数ある藩王国のなかでも先進的だったことで知られ、とくに名君マハラジャ・サヤジラオ3世（1875〜1939年）の時代に街の近代化が進められた。

INDIA
西インド

独立インド時代（20世紀〜）

1947年にインドが独立すると、ヴァドダラーはボンベイ州にくみこまれたが、1960年、言語州再編からグジャラート州に入った。ヴァドダラー周囲にはレグール土と呼ばれる綿花の栽培に適した土壌が広がり、その集散地となっているほか、ムンバイ、アーメダバード、デリーなどの各方面へ鉄道が伸びる要衝となっている。

Vadodara 城市のうつりかわり

参考文献

―――――――――――――――――――――――――――――――

『南アジア史2』(真下裕之 / 山川出版社)

『インドにおけるパトリック・ゲデスによる都市計画に関する研究その1 バローダ Baroda の都市形成と街区空間』(鮫島拓・中島佳一・岡村知明・布野修司・山根周 / 学術講演梗概集)

『インド建築案内』(神谷武夫 /TOTO 出版)

『印度藩王国』(ウイリアム・バートン / 中川書房)

『グジャラート系イスラーム建築の様式と技法に関する研究』(石井昭・山田美智子 / 学術講演梗概集)

『世界大百科事典』(平凡社)

まちごとパブリッシングの旅行ガイド

Machigoto INDIA , Machigoto ASIA , Machigoto CHINA

【北インド - まちごとインド】

001 はじめての北インド
002 はじめてのデリー
003 オールド・デリー
004 ニュー・デリー
005 南デリー
012 アーグラ
013 ファテープル・シークリー
014 バラナシ
015 サールナート
022 カージュラホ
032 アムリトサル

【西インド - まちごとインド】

001 はじめてのラジャスタン
002 ジャイプル
003 ジョードプル
004 ジャイサルメール
005 ウダイプル
006 アジメール(プシュカル)
007 ビカネール
008 シェカワティ
011 はじめてのマハラシュトラ
012 ムンバイ
013 プネー
014 アウランガバード
015 エローラ
016 アジャンタ
021 はじめてのグジャラート
022 アーメダバード
023 ヴァドダラー(チャンパネール)
024 ブジ(カッチ地方)

【東インド - まちごとインド】

002 コルカタ
012 ブッダガヤ

【南インド - まちごとインド】

001 はじめてのタミルナードゥ
002 チェンナイ
003 カーンチプラム
004 マハーバリプラム
005 タンジャヴール
006 クンバコナムとカーヴェリー・デルタ
007 ティルチラパッリ
008 マドゥライ
009 ラーメシュワラム
010 カニャークマリ
021 はじめてのケーララ
022 ティルヴァナンタプラム
023 バックウォーター(コッラム〜アラップーザ)
024 コーチ(コーチン)
025 トリシュール

【ネパール - まちごとアジア】

001 はじめてのカトマンズ
002 カトマンズ
003 スワヤンブナート

004 パタン
005 バクタプル
006 ポカラ
007 ルンビニ
008 チトワン国立公園

010 アルダビール

【北京 - まちごとチャイナ】

001 はじめての北京
002 故宮（天安門広場）
003 胡同と旧皇城
004 天壇と旧崇文区
005 瑠璃廠と旧宣武区
006 王府井と市街東部
007 北京動物園と市街西部
008 頤和園と西山
009 盧溝橋と周口店
010 万里の長城と明十三陵

【バングラデシュ - まちごとアジア】

001 はじめてのバングラデシュ
002 ダッカ
003 バゲルハット（クルナ）
004 シュンドルボン
005 プティア
006 モハスタン（ボグラ）
007 パハルプール

【天津 - まちごとチャイナ】

001 はじめての天津
002 天津市街
003 浜海新区と市街南部
004 薊県と清東陵

【パキスタン - まちごとアジア】

002 フンザ
003 ギルギット（KKH）
004 ラホール
005 ハラッパ
006 ムルタン

【上海 - まちごとチャイナ】

001 はじめての上海
002 浦東新区
003 外灘と南京東路
004 淮海路と市街西部
005 虹口と市街北部
006 上海郊外（龍華・七宝・松江・嘉定）
007 水郷地帯（朱家角・周荘・同里・甪直）

【イラン - まちごとアジア】

001 はじめてのイラン
002 テヘラン
003 イスファハン
004 シーラーズ
005 ペルセポリス
006 パサルガダエ（ナグシェ・ロスタム）
007 ヤズド
008 チョガ・ザンビル（アフヴァーズ）
009 タブリーズ

【河北省 - まちごとチャイナ】

001 はじめての河北省
002 石家荘
003 秦皇島
004 承徳
005 張家口
006 保定
007 邯鄲

【江蘇省 - まちごとチャイナ】

001 はじめての江蘇省
002 はじめての蘇州
003 蘇州旧城
004 蘇州郊外と開発区
005 無錫
006 揚州
007 鎮江
008 はじめての南京
009 南京旧城
010 南京紫金山と下関
011 雨花台と南京郊外・開発区
012 徐州

【浙江省 - まちごとチャイナ】

001 はじめての浙江省
002 はじめての杭州
003 西湖と山林杭州
004 杭州旧城と開発区
005 紹興
006 はじめての寧波
007 寧波旧城
008 寧波郊外と開発区
009 普陀山
010 天台山
011 温州

【福建省 - まちごとチャイナ】

001 はじめての福建省
002 はじめての福州
003 福州旧城
004 福州郊外と開発区
005 武夷山
006 泉州
007 廈門
008 客家土楼

【広東省 - まちごとチャイナ】

001 はじめての広東省
002 はじめての広州
003 広州古城
004 天河と広州郊外
005 深圳（深セン）
006 東莞
007 開平（江門）
008 韶関
009 はじめての潮汕
010 潮州
011 汕頭

【遼寧省 - まちごとチャイナ】

001 はじめての遼寧省
002 はじめての大連
003 大連市街
004 旅順
005 金州新区

006 はじめての瀋陽
007 瀋陽故宮と旧市街
008 瀋陽駅と市街地
009 北陵と瀋陽郊外
010 撫順

【重慶 - まちごとチャイナ】

001 はじめての重慶
002 重慶市街
003 三峡下り（重慶〜宜昌）
004 大足

【香港 - まちごとチャイナ】

001 はじめての香港
002 中環と香港島北岸
003 上環と香港島南岸
004 尖沙咀と九龍市街
005 九龍城と九龍郊外
006 新界
007 ランタオ島と島嶼部

【マカオ - まちごとチャイナ】

001 はじめてのマカオ
002 セナド広場とマカオ中心部
003 媽閣廟とマカオ半島南部
004 東望洋山とマカオ半島北部
005 新口岸とタイパ・コロアン

【Juo-Mujin（電子書籍のみ）】

Juo-Mujin 香港縦横無尽
Juo-Mujin 北京縦横無尽
Juo-Mujin 上海縦横無尽

【自力旅游中国 Tabisuru CHINA】

001 バスに揺られて「自力で長城」
002 バスに揺られて「自力で石家荘」
003 バスに揺られて「自力で承徳」
004 船に揺られて「自力で普陀山」
005 バスに揺られて「自力で天台山」
006 バスに揺られて「自力で秦皇島」
007 バスに揺られて「自力で張家口」
008 バスに揺られて「自力で邯鄲」
009 バスに揺られて「自力で保定」
010 バスに揺られて「自力で清東陵」
011 バスに揺られて「自力で潮州」
012 バスに揺られて「自力で汕頭」
013 バスに揺られて「自力で温州」

【車輪はつばさ】
南インドのアイラヴァテシュワラ寺院には建築本体に車輪がついていて寺院に乗った神さまが人びとの想いを運ぶと言います。

・本書はオンデマンド印刷で作成されています。
・本書の内容に関するご意見、お問い合わせは、発行元の
　まちごとパブリッシング info@machigotopub.com までお願いします。

まちごとインド
西インド023ヴァドダラー（チャンパネール）
〜未来を志向した「藩王の都」[モノクロノートブック版]

2017年11月14日　発行

著　者	「アジア城市（まち）案内」制作委員会
発行者	赤松　耕次
発行所	まちごとパブリッシング株式会社 〒181-0013　東京都三鷹市下連雀4-4-36 URL http://www.machigotopub.com/
発売元	株式会社デジタルパブリッシングサービス 〒162-0812　東京都新宿区西五軒町11-13 清水ビル3F
印刷・製本	株式会社デジタルパブリッシングサービス URL http://www.d-pub.co.jp/

ISBN978-4-86143-164-7 C0326　　　Printed in Japan
本書の無断複製複写（コピー）は、著作権法上での例外を除き、禁じられています。